Disfrute gratuitamente **DURANTE UN AÑO** de los eBook y audiolibros de las obras de Editorial Colex*

- Acceda a la página web de la editorial **www.colex.es**

- Identifíquese con su usuario y contraseña. En caso de no disponer de una cuenta regístrese.

- Acceda en el menú de usuario a la pestaña «Mis códigos» e introduzca el que aparece a continuación:

RASCAR PARA VISUALIZAR EL CÓDIGO

- Una vez se valide el código, aparecerá una ventana de confirmación y su eBook y audiolibro estará disponible **durante 1 año desde su activación** en la pestaña «Mis libros» en el menú de usuario.

* Los audiolibros están disponibles en las ediciones más recientes de nuestras obras. Se excluyen expresamente las colecciones «Códigos comentados», «Biblioteca digital» y los productos de www.vademecumlegal.es.

No se admitirá la devolución si el código promocional ha sido manipulado y/o utilizado.

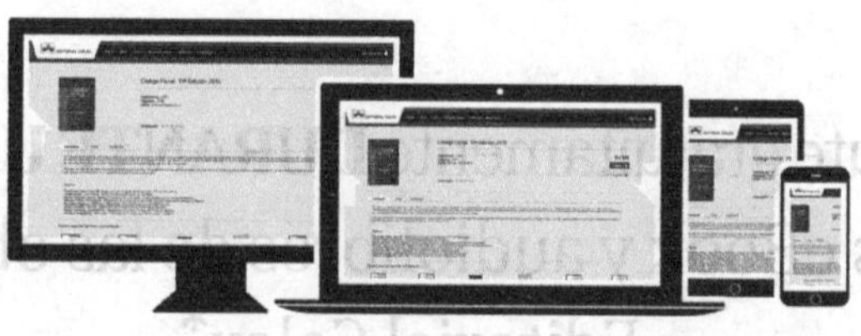

¡Gracias por confiar en nosotros!

La obra que acaba de adquirir incluye de forma gratuita la versión electrónica.

Acceda a nuestra página web para aprovechar todas las funcionalidades de las que dispone en nuestro lector.

Funcionalidades eBook

Acceso desde cualquier dispositivo con conexión a internet

Idéntica visualización a la edición de papel

Navegación intuitiva

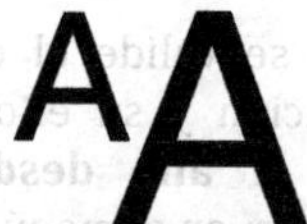

Tamaño del texto adaptable

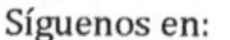
Síguenos en:

CÓDIGO DEONTOLÓGICO DE LA ABOGACÍA ESPAÑOLA

5.ª EDICIÓN 2026

Aprobado por el Pleno del Consejo General de la Abogacía Española el 6 de marzo de 2019.

COLEX 2026

© Editorial Colex, S.L.
Calle Costa Rica, número 5, 3º B (local comercial)
A Coruña, 15004, A Coruña (Galicia)
info@colex.es
www.colex.es

I.S.B.N.: 979-13-7011-585-2
Depósito Legal: C 96-2026

SUMARIO

PREÁMBULO 9
ART. 1.- Obligaciones deontológicas. 14
ART. 2.- Independencia. 14
ART. 3.- Libertades de defensa y de expresión. 15
ART. 4.- Confianza e integridad. 15
ART. 5.- Secreto profesional.. 16
ART. 6.- De la publicidad. 17
ART. 7.- Lealtad profesional. 19
ART. 8.- Sustitución en la actuación. 20
ART. 9.- Relaciones con el Colegio.. 21
ART. 10.- Relaciones con los Tribunales. 22
ART. 11.- Relaciones entre profesionales de la Abogacía. 24
ART. 12.- Relaciones con los clientes. 25
ART. 13.- Relaciones con la parte contraria.. 31
ART. 14.- Honorarios. 31
ART. 15.- Hojas de encargo. 32
ART. 16.- Provisiones de fondos y pagos a cuenta. 33
ART. 17.- Impugnación de honorarios. 33
ART. 18.- Pagos por captación de clientela. 33
ART. 19.- Tratamiento de fondos ajenos. 34
ART. 20.- Cobertura de la responsabilidad civil. 35
ART. 21.- Empleo de las tecnologías de la información y la comunicación. 35
ART. 22.- Ejercicio a través de sociedades profesionales. 35
D.DT. ÚNICA. 36
D.F. ÚNICA. 36

CÓDIGO DEONTOLÓGICO DE LA ABOGACÍA ESPAÑOLA

(APROBADO POR EL PLENO DEL CONSEJO GENERAL DE LA ABOGACÍA ESPAÑOLA EL 6 DE MARZO DE 2019)

CODIGO DEONTOLÓGICO

Aprobado por el Pleno del Consejo General de la Abogacía Española el 6 de marzo de 2019.

PREÁMBULO

La función social de la Abogacía exige compilar las normas deontológicas para regular su ejercicio. A lo largo de los siglos, muchos han sido los intereses que le han sido confiados, todos ellos trascendentales, relacionados fundamentalmente con el imperio del Derecho y la Justicia. Y en ese quehacer, que ha trascendido la propia y específica actuación concreta de defensa, la Abogacía ha ido acrisolando valores salvaguardados por normas deontológicas necesarias no sólo para el derecho de defensa, sino también para la tutela de los más altos intereses del estado, proclamado hoy social y democrático de derecho.

Por razones de corrección lingüística se ha preferido utilizar sólo en contadas ocasiones la expresión Abogado que exigiría la doble referencia a Abogado y Abogada o emplear otros métodos para designar los dos géneros. Por eso, se sustituye por Abogacía que designa tanto la profesión como al conjunto, hombres y mujeres, que la ejercen.

Como toda norma, la deontológica se inserta en el universo del Derecho, regido por el principio de jerarquía normativa y exige, además, claridad, adecuación y precisión, de suerte que cualquier modificación de hecho o de derecho en la situación regulada obliga a adaptar la norma a la nueva realidad legal o social.

Durante siglos, los escasos cambios operados en las funciones de quienes ejercen la Abogacía y en la propia sociedad motivaron pocas modificaciones en unas normas deontológicas que venían acreditándose como eficaces para la alta función que le estaba reservada. Es a partir de la segunda mitad del siglo XX, desde el momento en que los estados decididamente consagran la dignidad humana como valor supremo que informa todo el ordenamiento jurídico, cuando la función de la Abogacía alcanza su definitiva trascendencia, facilitando a la persona y a la sociedad en que se integra, la técnica y conocimientos necesarios para el consejo jurídico y la defensa de sus derechos. De nada sirven éstos si no se provee del medio idóneo para defender los que a cada cual le corresponden.

En una sociedad constituida y activada con base en el Derecho, que proclama como valores fundamentales la igualdad y la justicia, quien ejerce la Abogacía, experto en leyes y conocedor de la técnica jurídica y de las estrategias procesales, se erige en elemento imprescindible para la realización de la justicia, garantizando la información o asesoramiento, la contradicción, la igualdad de las partes tanto en el proceso como fuera de él, encarnando el derecho de defensa que es requisito imprescindible de la tutela judicial efectiva. Por ello, hoy precisa más que nunca ratificar y desarrollar unas normas de comportamiento que permitan satisfacer los inalienables derechos del cliente, respetando la defensa y consolidación de los valores superiores en los que se asienta la sociedad y la propia condición humana.

Recientemente, muchas han sido las reformas legislativas y muchos también los cambios políticos y sociales que han afectado al ejercicio profesional en España, lo que hace necesaria la actualización de las normas jurídicas que la rigen.

La decidida vocación de proveer a la Abogacía de los instrumentos más eficaces para abordar el siglo XXI exige ahora la compilación y puesta al día de las normas deontológicas que deben regir la actividad profesional en un solo texto actualizado. Y ello se realiza sin abdicar de los principios que han venido caracterizando la actuación multisecular cuya propia pervivencia acredita fehacientemente su medular función, e incorporando además las más recientes experiencias derivadas de situaciones novedosas completamente ajenas al mundo de la Abogacía hasta hace bien poco.

El *Conseil Consultatif des Barreaux Européens* (CCBE), máximo órgano representativo de la Abogacía ante las instituciones de la Unión Europea, mantiene un Código Deontológico cuya finalidad es la de establecer unas normas de actuación en el ejercicio profesional transfronterizo y otras básicas que representan las garantías mínimas exigibles para posibilitar el derecho de defensa de una forma efectiva. El Consejo General de la Abogacía Española ha asumido íntegramente ese Código Deontológico y ahora actualiza la normativa incorporando las novedades y corrigiendo las disfunciones que se han observado desde 2002 con el propósito de que sea aplicable en todos los territorios autonómicos y en los ámbitos de los Colegios, a quienes corresponde ordenar el ejercicio profesional. Por ello, las presentes normas tienen vocación de básicas, correspondiendo, en su caso, su desarrollo y adecuación, y en definitiva determinar el justo equilibrio de los intereses en juego en su respectivo ámbito territorial a los Consejos Autonómicos y a los Colegios, aceptando los principios que aquí se consagran.

Perviven como valores fundamentales en el ejercicio de la profesión de Abogado la independencia, la libertad, la dignidad, la integridad, el servicio, el secreto profesional, la transparencia y la colegialidad.

La independencia de quien ejerce la Abogacía resulta en un estado de derecho tan necesaria como la imparcialidad del juez. Informa a su cliente de su posición jurídica, de los distintos valores que se ponen en juego en cualquiera de sus acciones u omisiones, proveyéndole de la defensa técnica de sus derechos y libertades frente a otros agentes sociales, cuyos derechos y dignidad personal han de ser también tenidas en cuenta; y ésta tan compleja como unívoca actuación sólo sirve al ciudadano y al propio sistema del estado de derecho si está exenta de presión, si se posee total libertad e independencia de conocer, de formar criterio, de informar y de defender, sin otra servidumbre que el ideal de justicia.

La honradez, probidad, rectitud, lealtad, diligencia y veracidad son virtudes que deben adornar cualquier actuación. Ellas son la causa de las necesarias relaciones de confianza con el cliente y son la base del honor y la dignidad de la profesión. Se debe actuar siempre honesta y diligentemente, con competencia, con lealtad al cliente, con respeto a la parte contraria, y guardando secreto de cuanto conociere por razón de su profesión. Y cualquiera que así no lo hiciere afecta al honor y dignidad de toda la profesión con su actuación individual.

La dignidad, como modo de comportamiento, debe impregnar todas las actividades profesionales de quienes ejercen la Abogacía, ya que ésta está al servicio del ser humano y de la sociedad. Por eso, debe preservar no sólo la propia, sino la de sus clientes, de sus compañeros y de los contrarios, tratándoles con distinción, deferencia y respeto, sin olvidar que sus actuaciones repercuten en la profesión entera. Por tanto, quebranta la obligación de comportarse con dignidad quien ejerce su profesión con desprecio u olvido de que trata con personas, o incurre en comportamientos que, por su naturaleza, cuestionen o desacrediten gravemente la consideración que debe a los que se relacionan con él.

La Constitución Española reconoce a toda persona el derecho a no declarar contra sí misma, y también el derecho a la intimidad. Ambos persiguen preservar la libertad y la vida íntima personal y familiar del ciudadano, cada vez más vulnerable a los poderes estatales y a otros poderes no siempre bien definidos. El ciudadano precisa asesoría jurídica para conocer el alcance y la trascendencia de sus actos, y, para ello, debe confesarle sus circunstancias más íntimas. Quien ejerce la Abogacía se convierte así en custodio de la intimidad personal de su cliente y de su inalienable derecho a no declarar contra sí mismo. El secreto profesional y la confidencialidad son deberes y a la vez derechos que no constituyen sino concreción de los derechos fundamentales que el ordenamiento jurídico reconoce a sus propios clientes y a la defensa como mecanismo esencial del Estado de Derecho. Todo aquello que le sea revelado por su cliente, con todas sus circunstancias, más todo aquello que le sea comunicado por un compañero con carácter confidencial, deberá mantenerlo en secreto, salvo las situaciones excepcionales previstas.

Conforme a los principios fundamentales de la Abogacía, se regulan las bases de la publicidad personal de modo que no se ponga en riesgo la libertad e independencia, la lealtad al cliente ni el secreto profesional, con absoluto respeto a las normas externas que regulan la competencia, la competencia desleal y la publicidad.

La función de concordia, característica de la actuación profesional, impone la obligación de procurar el arreglo entre las partes y exige que la información o el asesoramiento que se preste no sea tendencioso ni invite al conflicto o litigio.

Se consagra la libertad del profesional de la Abogacía para asumir la dirección de un asunto o rechazarlo, así como, una vez aceptado, para cesar en dicha dirección, siempre que se evite el vacío que podría traer aparejado ese cambio de asistencia que, en ningún caso, podrá provocar la indefensión del justiciable. Por ello, de la antigua institución de la "venia" conviene conservar la necesaria comunicación del sustituto al sustituido, pero encomendando a éste una responsable actuación informativa, como ya venía sucediendo en la práctica. Ello permite garantizar que el ciudadano no quedará en indefensión entre la actuación del sustituido y el sustituto, estableciendo un único momento en el que cesarán las responsabilidades de uno y comenzaran las del otro, y procurará, además, una importante información al sustituto en beneficio siempre de los intereses objeto de defensa.

Debe tenerse siempre presente la alta función que la sociedad ha confiado a la Abogacía, que supone nada menos que la defensa efectiva de los derechos individuales y colectivos cuyo reconocimiento y respeto constituye la espina dorsal del propio Estado de Derecho. Por ello, quienes ejercen la Abogacía sólo pueden encargarse de un asunto cuando cuenten con la capacidad adecuada para ejercer su asesoramiento y defensa de una manera real y efectiva, para incrementar constantemente sus conocimientos jurídicos y para solicitar el auxilio de los más expertos, cuando lo precise.

Se profundiza en la regulación de la tenencia de fondos de clientes. El ejercicio colectivo y multidisciplinar de la profesión, junto a las técnicas que hoy ofrecen las entidades financieras, aconseja insistir en la regulación de la tenencia de los fondos de clientes, manteniéndolos identificados, separados de los propios del bufete, y siempre a su disposición, lo que contribuirá a la transparencia en la actuación fortaleciendo la confianza de su cliente.

Pocas variaciones experimentan las normas deontológicas reguladoras de las obligaciones y relaciones con el Colegio, con los Tribunales y con los compañeros. Se profundiza, sí, en la salvaguarda de los valores fundamentales que informan el ejercicio profesional en la relación con el cliente. Y así, se concretan las obligaciones de información, se incrementan las precauciones para evitar el conflicto de intereses protegiendo la responsabilidad e independencia por medio del establecimiento de mecanismos que permitan identificar claramente el comienzo y final de su actuación y, por tanto, de su responsabilidad y, sobre todo, insistiendo en el reconocimiento de su libertad para cesar en la defensa cuando no desee continuar en ella, libérrima decisión que garantiza permanentemente la independencia y que se corresponde con la que tiene el ciudadano para designar al abogado o abogada de su elección en cualquier momento.

Las presentes normas deontológicas no imponen limitaciones a la libre competencia, sino que se erigen en deberes fundamentales en el ejercicio de la función social de la Abogacía en un Estado de Derecho, que exige desempeñarla con competencia, de buena fe, con libertad e independencia, lealtad al cliente, respeto a la parte contraria y guardando secreto de cuanto conociere por razón de su actuación profesional.

ART. 1.- Obligaciones deontológicas.

1. Los hombres y mujeres que ejercen la Abogacía están obligados a respetar la Deontología inspirada en los principios éticos de la profesión. Las fuentes principales de la Deontología se encuentran en el Estatuto General de la Abogacía Española, en el Código Deontológico de la Abogacía Europea, en el presente Código, aprobado por el Consejo General de la Abogacía Española, y en los que, en su caso, tuvieren aprobados los Consejos Autonómicos de Colegios.
2. Las normas deontológicas son aplicables también, en lo pertinente, a quienes sean no ejercientes y a quienes estén inscritos con el título de su país de origen.
3. Cuando se actúe fuera del ámbito del Colegio de residencia, dentro o fuera del Estado español, se deberá respetar las normas deontológicas vigentes en el ámbito del Colegio de acogida o donde se desarrolle una determinada actuación profesional.
4. Los Consejos de Colegios de las diferentes Autonomías habrán de remitir las normas deontológicas que tuvieren aprobadas a la Secretaría General del Consejo General de la Abogacía Española y ésta obtendrá de la Secretaría del CCBE los de los demás países de la Unión Europea.

ART. 2.- Independencia.

1. La independencia de quienes ejercen la Abogacía es una exigencia del Estado de Derecho y del efectivo derecho de defensa del justiciable y de la ciudadanía por lo que constituye un derecho y un deber.
2. Para poder asesorar y defender adecuadamente los legítimos intereses del cliente, debe mantenerse el derecho y el deber de preservar la independencia frente a toda clase de injerencias y frente a intereses propios o ajenos.
3. La independencia debe ser preservada frente a presiones o exigencias que limiten o puedan limitarla, sea respecto de los poderes públicos, económicos o fácticos, de los tribunales, del cliente, sea respecto de los colaboradores o integrantes del despacho.
4. La independencia permite no aceptar el encargo o rechazar las instrucciones que, en contra de los propios criterios profe-

sionales, pretendan imponer el cliente, los miembros de despacho, los otros profesionales con los que se colabore o cualquier otra persona, entidad o corriente de opinión, debiendo cesar en el asesoramiento o defensa del asunto cuando se considere que no se puede actuar con total independencia, evitando, en todo caso, la indefensión del cliente.

ART. 3.- Libertades de defensa y de expresión.

1. Quienes ejercen la Abogacía tienen el derecho a la plena libertad de defensa y el deber de defender y asesorar libremente a sus clientes.
2. La libertad de expresión está especialmente amparada por la Constitución Española, la vigente Ley Orgánica del Poder Judicial y demás legislación que pueda resultar aplicable.
3. La libertad de expresión no legitima el insulto ni la descalificación gratuita.
4. No se podrán utilizar medios ilícitos ni el fraude como forma de eludir las leyes.
5. Se debe ejercer las libertades de defensa y expresión conforme al principio de buena fe y a las normas de la correcta práctica profesional, procurando siempre la concordia, haciendo uso de cuantos remedios o recursos establece la normativa vigente, exigiendo tanto de las Autoridades, como de los Colegios, todas las medidas de ayuda en su función que les sean legalmente debidas.

ART. 4.- Confianza e integridad.

1. La relación con el cliente se fundamenta en la recíproca confianza y exige una conducta profesional íntegra, honrada, leal, veraz y diligente.
2. Es obligación no defraudar la confianza del cliente y no defender intereses en conflicto, sean propios o de terceros.
3. En los casos de ejercicio colectivo o en colaboración con otros profesionales, quienes ejercen la Abogacía tendrán el derecho y la obligación de rechazar cualquier intervención que pueda resultar contraria a los principios de confianza e integridad o que pueda implicar conflicto de intereses con otros clientes del despacho, cualquiera que sea el que los atienda.

ART. 5.- Secreto profesional.

1. La confianza y confidencialidad en las relaciones con el cliente, ínsita en el derecho de éste a su defensa e intimidad y a no declarar en su contra, impone a quien ejerce la Abogacía la obligación de guardar secreto, y, a la vez, le confiere este derecho, respecto de los hechos o noticias que conozca por razón de cualquiera de las modalidades de su actuación profesional, limitándose el uso de la información recibida del cliente a las necesidades de su defensa y asesoramiento o consejo jurídico, sin que pueda ser obligado a declarar sobre ellos como reconoce la Ley Orgánica del Poder Judicial.
2. El deber y derecho al secreto profesional comprende todas las confidencias y propuestas del cliente, las de la parte adversa, las de los compañeros, así como todos los hechos y documentos de que haya tenido noticia o haya remitido o recibido por razón de cualquiera de las modalidades de su actuación profesional.
3. Cualquier tipo de comunicación entre profesionales de la Abogacía, recibida o remitida, está amparada por el secreto profesional, no pudiendo ser facilitada al cliente ni aportada a los Tribunales ni utilizada en cualquier otro ámbito, salvo autorización expresa del remitente y del destinatario, o, en su defecto, de la Junta de Gobierno, que podrá autorizarlo discrecionalmente, por causa grave y previa resolución motivada con audiencia de los interesados. En caso de sustitución, esta prohibición le estará impuesta al sustituto respecto de la correspondencia que el sustituido haya mantenido con otros profesionales de la Abogacía, requiriéndose la autorización de todos los que hayan intervenido.

   Se exceptúan de esta prohibición las comunicaciones en las que el remitente deje expresa constancia de que no están sujetas al secreto profesional.
4. Las conversaciones mantenidas con los clientes o con los contrarios, de presencia o por cualquier medio telefónico o telemático, en que intervengan profesionales de la Abogacía no podrán ser grabadas sin previa advertencia y conformidad de todos los intervinientes y siempre quedarán amparadas por el secreto profesional.

5. El secreto profesional ampara las comunicaciones y negociaciones orales y escritas de todo tipo, con independencia del medio o soporte utilizado.
6. El deber de secreto profesional en relación con los asuntos profesionales encomendados, o en los que intervenga cualquiera de los miembros de un despacho colectivo, se extiende y vincula a todos y cada uno de ellos.
7. En todo caso, quien ejerce la Abogacía deberá hacer respetar el secreto profesional a cualquier otra persona que colabore con él en su actividad.
8. La obligación de guardar el secreto profesional permanece incluso después de haber cesado en la prestación de los servicios al cliente o abandonado el despacho donde se estaba incorporado, sin que esté limitada en el tiempo.
9. Solamente podrá hacerse uso de hechos o noticias sobre los cuales se deba guardar el secreto profesional cuando se utilice en el marco de una información previa, de un expediente disciplinario o para la propia defensa en un procedimiento de reclamación por responsabilidad penal, civil o deontológica. Todo ello sin perjuicio de lo dispuesto en relación con la aportación de la correspondencia habida con otros profesionales de la Abogacía en el número 3 de este artículo.
10. El consentimiento del cliente no excusa de la preservación del secreto profesional.
11. No se aceptará el encargo cuando se haya mantenido con la parte adversa una entrevista para evacuar una consulta referida al mismo asunto y ésta afecte a su deber de secreto profesional.

ART. 6.- De la publicidad.

1. Se podrá realizar libremente publicidad de los servicios profesionales, con pleno respeto a la legislación vigente sobre la materia, defensa de la competencia, competencia desleal y normas deontológicas de la Abogacía.
2. La publicidad respetará en todo caso la independencia, libertad, dignidad e integridad como principios esenciales y valores superiores de la profesión, así como el secreto profesional y habrá de ser objetiva, veraz y digna, tanto por su contenido como por los medios empleados.

3. Deberá indicarse en la publicidad el Colegio al que se pertenezca.
   La publicidad no podrá suponer:
   a. La revelación directa o indirecta de hechos, datos o situaciones amparados por el secreto profesional.
   b. La incitación genérica o concreta al pleito o conflicto.
   c. La oferta de servicios profesionales, por sí o mediante terceros, a víctimas directas o indirectas de catástrofes, calamidades públicas u otros sucesos que hubieran producido un número elevado de personas afectadas y a sus herederos y causahabientes, en momentos o circunstancias que condicionen la elección libre de Abogado y, en ningún caso, hasta transcurridos 45 días desde el hecho. Tampoco podrá dirigirse, por sí o mediante terceros, a quienes lo sean de accidentes o infortunios recientes, o a sus herederos o causahabientes, que carezcan de la plena y serena libertad de elección. Estas prohibiciones quedarán sin efecto en el caso de que la prestación de estos servicios profesionales haya sido solicitada expresamente por la víctima.
   d. La promesa de obtener resultados que no dependan exclusivamente del que la realiza.
   e. La referencia a clientes sin su autorización escrita, salvo las menciones que, en su caso, puedan hacerse cuando se participa en procesos de contratación pública y sólo para ellos.
   f. La utilización de emblemas institucionales o colegiales y de aquéllos otros que por su similitud pudieran generar confusión, salvo disposición contraria contenida en los estatutos particulares y de aquellos símbolos que se aprueben para distinguir la condición profesional.
   g. La mención de actividades que sean incompatibles con el ejercicio de la Abogacía.
   h. Y, en general, la publicidad contraria a las normas deontológicas de la profesión.
4. Las menciones que a la especialización en determinadas materias se incluyan en la publicidad deberán responder a la posesión de títulos académicos o profesionales, a la superación de cursos formativos de especialización profesional oficialmente homologados o a una práctica profesional prolongada que las avalen.

5. Quienes ejerzan con su título profesional de origen y se publiciten deberán hacerlo con mención expresa de tal circunstancia, debiendo utilizarse en cualquier caso la denominación que corresponda de conformidad con lo dispuesto en las normas aplicables, prohibiéndose el uso de los títulos de "Abogado" o "Abogada" expresados en cualquiera de las lenguas oficiales de España para la debida protección de los consumidores de los servicios jurídicos.
6. Cuando la denominación del título profesional sea coincidente en más de un Estado se añadirá al título profesional una mención expresa del país de origen.
7. Asimismo, cuando la regulación de la profesión en el país de origen implique limitaciones o especialidades en cuanto al ámbito de la actividad, se deberá añadir también una mención de la organización profesional a la que pertenezca en dicho país y, en su caso, del órgano u órganos jurisdiccionales ante los que esté habilitado para ejercer.
8. Igualmente, quienes ejerzan la Abogacía no podrán traducir su título español a otro idioma cuando esa traducción corresponda a una categoría profesional determinada en otro país.
9. No se permitirá la publicidad encubierta, debiendo hacerse constar en sitio visible y de modo perfectamente comprensible que se trata de contenido publicitario.

ART. 7.- Lealtad profesional.

1. El ejercicio de la Abogacía en régimen de libre competencia habrá de ser compatible en todo caso con el cumplimiento riguroso de las normas deontológicas de la profesión.
2. Está prohibida la captación desleal de clientes.
3. Son actos contrarios a la lealtad profesional todos aquellos que contravengan las normas tanto estatales como autonómicas que tutelen la leal competencia y en especial los siguientes:
    a. La utilización de procedimientos publicitarios directos e indirectos contrarios a las disposiciones de la Ley General de Publicidad y a las normas específicas sobre publicidad contenidas en el presente Código y restantes normas complementarias.
    b. Toda práctica de captación directa o indirecta de clientes que atenten a la dignidad de las personas o a la función social de la Abogacía.

c. La utilización de terceros como medio para eludir las obligaciones deontológicas. Se considerará responsable al favorecido por la publicidad que realice un tercero, salvo prueba en contrario.
d. La oferta de servicios en apariencia gratuitos cuando no lo sean y puedan generar confusión a los consumidores, dada la asimetría en la relación profesional.

ART. 8.- Sustitución en la actuación.

1. Quien se encargue de la dirección profesional de un asunto encomendado a otro deberá comunicárselo -lo que tradicionalmente se conoce como venia que nunca podrá denegarse- en alguna forma que permita acreditar la recepción o, al menos, el intento de haberla procurado, dando cuenta de haber recibido el encargo del cliente. La comunicación se hará inmediatamente después de aceptar el encargo y antes de iniciar cualquier actuación. Todo ello se realiza para continuar el asunto, en aras de la seguridad jurídica, de la buena práctica profesional, de una continuidad armónica en la defensa del cliente y de la delimitación de las respectivas responsabilidades.

   Lo anterior no regirá cuando el sustituido mantuviera una relación laboral con el cliente.
2. Se deberá acusar recibo de la comunicación a la mayor brevedad, poniendo a disposición del peticionario la información y documentación relativa al asunto que obre en su poder, así como proporcionarle los datos e informaciones que le sean necesarios.
3. En caso de sustitución, subsiste la obligación de respetar y preservar el secreto profesional sobre la información y documentación recibida, con especial atención a la confidencialidad de las comunicaciones habidas entre los profesionales que hayan intervenido.
4. Igualmente, se deberá informar al cliente, en su caso, del derecho del profesional que le haya precedido en la dirección del asunto a cobrar sus honorarios y de la obligación de aquél de abonarlos, sin perjuicio de una eventual discrepancia.
5. Si la sustitución entre profesionales tiene lugar en el marco de un expediente judicial electrónico, se estará además a lo establecido en la normativa legal y sus disposiciones de desarrollo.

6. También serán de aplicación las normas antes relacionadas cuando el Letrado o Letrada designados de oficio sea sustituido por otro compañero o compañera de libre designación. En tal caso, la sustitución deberá ser comunicada al Colegio por el sustituido.
7. Si se está desempeñando la defensa en un asunto que se tramita ante un Juzgado o Tribunal, podrá comunicársele que se cesa para evitar futuras responsabilidades. Deberá hacerlo en todo caso quien, tras la sustitución, asuma la dirección letrada.
8. Tendrá especial gravedad la sustitución en un acto procesal sin previa comunicación escrita y tempestiva al relevado, por afectar a la eficacia de la defensa y a la dignidad de la profesión.
9. Cuando sea imposible por cualquier circunstancia participar la sustitución o acreditar la recepción de la comunicación, podrá hacerse ésta al Decano, Decana u órgano colegial competente, que acusará recibo, entendiéndose completada la sustitución a todos los efectos.

ART. 9.- Relaciones con el Colegio.

Las relaciones con el Colegio comportan las obligaciones siguientes:

1. Cumplir lo establecido en el Estatuto General de la Abogacía Española, en los Estatutos de los Consejos Autonómicos y en los de los Colegios en los que se ejerza la profesión, así como la demás normativa de la profesión y los acuerdos y decisiones de los órganos de gobierno en el ámbito correspondiente.
2. Respetar a los órganos de gobierno y a los miembros que los componen.
3. Atender con la máxima diligencia las comunicaciones y citaciones emanadas de tales órganos o de sus miembros, en el ejercicio de sus funciones, salvo que se trate de las que se reciban en el marco de un expediente disciplinario o una información previa para una eventual depuración de la responsabilidad.
4. Poner en conocimiento del Colegio todo acto de intrusismo, los supuestos de ejercicio ilegal, tanto por la no colegiación como por hallarse suspendido o inhabilitado el denunciado, y las infracciones deontológicas, aun cuando no se sea el afectado.

5. Comunicar al Colegio las circunstancias personales que afecten al ejercicio profesional, tales como cambios de domicilio, número de teléfono, dirección de correo electrónico y supuestos de enfermedad o invalidez por largo tiempo que le impidan atender el cuidado de sus asuntos.
6. Consignar en todos los escritos y actuaciones que firmen el nombre completo, el Colegio al que estuviesen incorporados como ejercientes y el número de colegiación.
7. Realizar las intervenciones profesionales que se establezcan por ley o, en supuestos extraordinarios y de urgente necesidad, por los Colegios de Abogados, en garantía de la defensa de los derechos y libertades y en cumplimiento de la función social de la Abogacía.
8. Tratar con corrección y respeto al personal del Colegio, absteniéndose de darles órdenes particulares.
9. Acreditar estar de alta como residente en el Colegio que corresponda al lugar donde tenga fijado su domicilio profesional único o principal cuando solicite su adscripción como no residente en otro Colegio.
10. Cumplir con la normativa del turno de oficio y en especial con la regulación de la asistencia al detenido.

ART. 10.- Relaciones con los Tribunales.

1. El deber fundamental de quien ejerce la Abogacía, como actor en la función pública de la Administración de Justicia, es participar en ella asesorando, conciliando y defendiendo en derecho los intereses que le sean confiados. En ningún caso la tutela de tales intereses puede justificar la desviación del fin de justicia al que la profesión se halla vinculada.
2. Son obligaciones para con los órganos jurisdiccionales:
   a. Actuar con buena fe, lealtad y respeto.
   b. Cumplir con los fines de la Administración de Justicia.
   c. Guardar respeto a todos cuantos intervienen en la administración de Justicia exigiendo a la vez el mismo y recíproco comportamiento.
   d. Exhortar a los clientes a la observancia de conducta respetuosa respecto de las personas que actúan en los órganos jurisdiccionales.

e. Contribuir a la diligente tramitación de los asuntos que se le encomienden y de los procedimientos en los que se intervenga.
f. Mantener la libertad e independencia en el ejercicio del derecho de defensa, con absoluta corrección, poniendo en conocimiento del Tribunal correspondiente y del Colegio cualquier injerencia.
g. Evitar en las actuaciones toda alusión personal, al Tribunal y a cualquier persona que intervenga, oral, escrita o mediante gestos, sea de aprobación o de reproche.
h. No divulgar o someter a los tribunales una propuesta de arreglo amistoso hecha por la defensa de la parte contraria sin su autorización expresa.
i. Cumplir los horarios en las actuaciones judiciales y poner en conocimiento del Colegio cualquier retraso injustificado de los Juzgados y Tribunales superior a media hora.
j. Comunicar con la debida antelación al Juzgado o Tribunal y a los compañeros que intervengan, cualquier circunstancia que le impida acudir puntualmente a una diligencia. La misma obligación pesará si es el cliente el que no puede acudir.
k. Identificarse, en todo caso, como Abogado o Abogada. A estos efectos, se procurará portar siempre la credencial expedida por el respectivo Colegio.
l. Conceder a los demás profesionales de la Abogacía que intervienen en el asunto un plazo prudencial de espera para la celebración de actuaciones si, en su caso, el Tribunal lo autoriza para evitar la indefensión del adversario.
m. Utilizar la toga con su correspondiente distintivo colegial, en su caso, dentro de las dependencias colegiales y judiciales debiendo obtenerse autorización de la Junta de Gobierno para otros usos, estando prohibida la inserción de cualquier tipo de mensaje, emblema o imagen que no haya sido previamente autorizado por la Junta de Gobierno.

3. Las anteriores normas serán igualmente aplicables en lo pertinente a las relaciones con árbitros.

ART. 11.- Relaciones entre profesionales de la Abogacía.

En las relaciones entre profesionales de la Abogacía se guardarán las siguientes reglas de conducta:

1. Deben mantener quienes ejercen la Abogacía recíproca lealtad, respeto mutuo y relaciones de compañerismo.
2. El que pretenda iniciar una acción, en nombre propio o de un cliente, por posibles responsabilidades derivadas del ejercicio de la Abogacía, ha de comunicarlo previamente al Colegio por si se considera oportuno realizar una labor de mediación. Esta labor de mediación queda sujeta al deber de confidencialidad y al de guardar secreto profesional.
3. En los escritos judiciales, en los informes orales y en cualquier comunicación escrita u oral, debe mantenerse siempre el más absoluto respeto a quien defiende a las demás partes, evitando toda alusión personal.
4. Se desarrollarán los mejores esfuerzos para evitar acciones de violencia, de la clase que sean, contra quienes defiendan intereses opuestos. Se procurará impedirlas por todos los medios legítimos, en particular las referidas a las acciones de los propios clientes, a quienes se exigirá respetar la libertad e independencia del contrario.
5. En sus comunicaciones con quien defiende a la parte contraria, no comprometerá a su propio cliente con comentarios o manifestaciones que puedan causarle desprestigio o lesión directa o indirecta.
6. Deberá procurarse la solución extrajudicial de las reclamaciones de honorarios y, de ser posible, de todos los conflictos que surjan entre quienes ejercen la Abogacía mediante la transacción, la mediación o el arbitraje del Colegio.
7. Las reuniones entre quienes ejercen la Abogacía se celebrarán en lugar que no suponga situación privilegiada para ninguno de ellos. Se recomienda la utilización de las dependencias de los Colegios, cuando no exista acuerdo sobre el lugar de su celebración. No obstante, si la reunión hubiere de celebrarse en el despacho de alguno de los intervinientes, será en el de aquél que tuviere mayor antigüedad en el ejercicio profesional, salvo que se trate del actual o de un anterior Decano o Decana, en cuyo caso será en el de éstos, a no ser que se decline expresamente el ofrecimiento.

8. Cuando se reciba la visita de un compañero por asuntos profesionales se le deberá recibir siempre y con la máxima premura, con preferencia a cualquier otra persona, sea o no cliente, que guarde espera en el despacho. En caso de imposibilidad de inmediata atención, dejará momentáneamente sus ocupaciones para saludar y justificar la demora.
9. Deberán atenderse inmediatamente las comunicaciones escritas o telefónicas de otros profesionales de la Abogacía y estas últimas, personalmente.
10. Cuando se esté negociando con un compañero o compañera la transacción o solución extrajudicial de un asunto, se estará obligado a notificarle el cese o interrupción de la negociación en cualquier forma que permita la constancia de la recepción o, en su caso, el correcto envío de la notificación, así como a dar por terminadas dichas gestiones, antes de presentar reclamación judicial.
11. Las comunicaciones con colegas extranjeros deben ser consideradas también de carácter confidencial o reservado, siendo recomendable requerirles igual tratamiento. Quien se comprometa a ayudarle tendrá siempre en cuenta que éste ha de depender de él en mayor medida que si se tratase de un ejerciente en el propio país.
12. Será obligatorio abstenerse de pedir la declaración testifical del Abogado o Abogada sobre hechos relacionados con su actuación profesional.
13. No se deberán atribuir facultades distintas de las conferidas por el cliente para evitar errores de apreciación ni suministrar información falsa o mendaz.
14. No se deberá continuar con la defensa o el asesoramiento del cliente cuando éste le desautorice y no respete el acuerdo pactado con el profesional que ostente la defensa de la parte adversa.

ART. 12.- Relaciones con los clientes.

A.- Normas generales

1. La relación con el cliente debe fundarse en la recíproca confianza. Siempre que sea posible deberá intentarse la conciliación de los intereses en conflicto.

2. Sólo será posible encargarse de un asunto por mandato del cliente o de un tercero debidamente facultado, encargo de un compañero o compañera que represente al cliente, o por designación colegial.
3. Debe comprobarse la identidad y facultades de quien efectúe el encargo.
4. La libertad de defensa comprende la de aceptar o rechazar el asunto en que se solicita la intervención, sin necesidad de justificar su decisión. Será obligatorio, pues, abstenerse de seguir las indicaciones del cliente si al hacerlo pudiera comprometer la observancia de los principios que rigen la profesión.
5. Asimismo, comprende la abstención o cesación en la intervención cuando surjan discrepancias con el cliente, que deviene obligatoria cuando concurran circunstancias que puedan afectar a su libertad e independencia en la defensa o asesoramiento, a la preservación del secreto profesional o comporten objetivamente un conflicto de intereses.
6. El que renuncie a la dirección letrada de un asunto habrá de notificarlo por escrito y de forma fehaciente al cliente y realizar los actos necesarios para evitar su indefensión y la pérdida de derechos. Cuando se trate de defensa asumida por designación colegial, la aceptación, rechazo, abstención o cese habrá de acomodarse a las normas sobre asistencia jurídica gratuita. La renuncia deberá hacerse siempre con tiempo suficiente para que la sustitución en la defensa o en el asesoramiento se ejerza con total garantía.
7. Sólo podrá emitir informes que contengan valoraciones profesionales sobre el resultado probable de un asunto, litigio o una estimación de sus posibles consecuencias económicas, si la petición procede del cliente afectado quien, en todo caso, deberá ser el exclusivo destinatario. Cuando se le solicite una opinión sobre un asunto que esté siendo dirigido o llevado por un compañero, antes de emitirla, verbalmente o por escrito, podrá dirigirse a éste para recabar la información que necesite.
8. Se asesorará y defenderá al cliente con el máximo celo y diligencia asumiéndose personalmente la responsabilidad del trabajo encargado sin perjuicio de las colaboraciones que se recaben. Siempre se deberá intentar encontrar la solución más adecuada al encargo recibido, debiéndose asesorar al cliente

en el momento oportuno respecto a la posibilidad y consecuencias de llegar a un acuerdo o de acudir a instrumentos de resolución alternativa de conflictos.

9. Mientras se esté actuando para el cliente se está obligado a llevar el encargo a término en su integridad, gozando de plena libertad para utilizar los medios legítimos y los que hayan sido obtenidos lícitamente.
10. La documentación recibida del cliente estará siempre a su disposición, no pudiendo en ningún caso retenerse, ni siquiera bajo pretexto de tener pendiente cobro de honorarios. No obstante, se podrá conservar copia de la documentación. En ningún caso se entregará al cliente copia de las comunicaciones habidas entre los profesionales de la Abogacía que hayan intervenido en el asunto.
11. Se comunicará la renuncia a la defensa o al asesoramiento de forma fehaciente, cualquiera que sea su causa, por escrito dirigido al cliente y, en su caso, al órgano judicial o administrativo ante el que hubiere comparecido.

B.- Deberes de identificación e información.

1. Es obligación de quien ejerce la Abogacía identificarse ante la persona a la que asesora o defiende, incluso cuando lo hiciere por cuenta de un tercero a fin de asumir las responsabilidades civiles y deontológicas que correspondan. También lo es en el supuesto de consulta telefónica o por red informática con un despacho o asesoría cuyos integrantes sean desconocidos para el comunicante. Esta identificación, así como la del Colegio al que se pertenece, es su primera e inmediata obligación antes de la prestación de servicios y, en todo caso, antes de solicitar el abono de contraprestación alguna.
2. Se debe poner en conocimiento del cliente:
    - a. La opinión sobre las posibilidades de sus pretensiones y resultado previsible del asunto, procurando disuadirle de promover conflictos o ejercitar acciones judiciales sin fundamento.
    - b. El importe aproximado de los honorarios, o de las bases para su determinación, y las consecuencias que puede tener una condena en costas.
    - c. El derecho de solicitar la asistencia jurídica gratuita que le asistiría por sus circunstancias personales y económicas.

d. Todas aquellas situaciones que aparentemente pudieran afectar a la independencia, como relaciones familiares, de amistad, económicas o financieras con la parte contraria o sus representantes.

e. La evolución del asunto encomendado, resoluciones transcendentes, los recursos, las posibilidades de transacción, la conveniencia de acuerdos extrajudiciales o las soluciones alternativas al litigio. En los procedimientos administrativos y judiciales, si el cliente lo requiere y a costa de éste, le proporcionará copia de los diferentes escritos que se presenten o reciban, de las resoluciones judiciales o administrativas que le sean notificadas y de las grabaciones de actuaciones que se hayan producido.

f. La cuenta detallada de los fondos que haya recibido del cliente o para el cliente, que deben estar siempre a su disposición. Este deber es exigible, aunque el cliente no lo solicite, cuando haya cesado la relación con éste o haya terminado el asunto encomendado.

g. El nombre, número de identificación fiscal, Colegio al que está incorporado como ejerciente y número de colegiación, domicilio profesional y medio para ponerse en comunicación con su despacho, incluyendo la vía electrónica. Cuando se trate de una sociedad profesional o despacho colectivo, deberá informarse al cliente de su denominación, forma, datos de registro, régimen jurídico, código de identificación fiscal, dirección o sede desde la que se presten los servicios y medios de contacto, incluyendo la vía electrónica. Cuando los servicios requeridos exijan la participación de diferentes integrantes de una misma sociedad u organización, el cliente tendrá derecho a conocer la identidad de todos ellos, el Colegio al que pertenecen y quien asumirá la dirección del asunto.

h. La inviabilidad fundada de la interposición de recursos u otras acciones contra las resoluciones que pongan fin, total o parcialmente, al proceso con plazo preclusivo. Esta comunicación deberá hacerse con tiempo suficiente para que el cliente pueda recabar otra opinión o encargar su defensa a un tercero.

i. Las condiciones de aseguramiento de su responsabilidad civil cuando el cliente así lo solicite.
j. Todo dato o hecho que le conste en relación con el asunto, siempre que no conlleve vulneración del secreto profesional y que pueda incidir en el resultado.
k. La posibilidad de solicitar la colaboración de otro profesional cuando las características o complejidad del asunto lo requiera.

Toda esta información deberá proporcionarse por escrito cuando el cliente lo solicite de igual manera, respetando escrupulosamente la confidencialidad de las comunicaciones, conversaciones y negociaciones con otros profesionales de la Abogacía, salvo autorización de estos.

3. En todo caso, se pondrá especial atención en efectuar las correspondientes advertencias al cliente en lo que respecta a la normativa sobre prevención del blanqueo de capitales y la obligación de suministrar datos, en determinadas circunstancias, a las autoridades tributarias o las derivadas de la legislación sobre protección de datos de carácter personal.
4. No debe aceptarse ningún asunto si uno no se considera apto para dirigirlo, a menos que se colabore con quien lo sea, informando al cliente, con carácter previo, de la identidad del colaborador.
5. Deberán comunicarse al cliente las circunstancias personales y profesionales, tales como cambios de domicilio, número de teléfono, dirección de correo electrónico y supuestos de enfermedad o invalidez por largo tiempo que le impidan atender el cuidado de sus asuntos.

C.- Conflicto de intereses

1. No podrá desempeñarse la defensa o el asesoramiento de intereses contrapuestos con otros que se esté o haya estado defendiendo o asesorando, o con los propios, ya que la lealtad hacia el cliente es principio fundamental de la Abogacía.
2. En el caso de conflicto de intereses entre dos o más clientes, deberá renunciar a la defensa o al asesoramiento de ambos, para la obligada preservación de la independencia, salvo autorización expresa de todos para intervenir a favor de cualquiera de ellos.

3. Sin embargo, se podrá intervenir en interés de todas las partes en funciones de intermediación o en la preparación y redacción de documentos de naturaleza contractual, debiendo mantenerse en tal supuesto una estricta y exquisita objetividad.
4. No podrán desempeñarse encargos profesionales que impliquen actuaciones contra un anterior cliente, salvo que se asegure que no hay riesgo de que el secreto de las informaciones obtenidas en la relación con el antiguo cliente pueda ser vulnerado; o cuando de ninguna manera pudiera resultar beneficiado el nuevo cliente con aquellas informaciones. A estos efectos se tomará en cuenta el tipo de los asuntos en que se haya intervenido y el tiempo transcurrido. En ningún caso se podrá asumir encargos profesionales que impliquen actuaciones contra un anterior cliente en el seno del procedimiento en que se haya intervenido en defensa de éste, ni en los incidentes, recursos, ejecuciones o nuevos procedimientos que de él traigan su causa.
5. Quien haya intervenido en defensa de ambas partes en un procedimiento de familia de mutuo acuerdo no podrá luego actuar en defensa de los intereses de una frente a otra en ningún trámite, ejecución, recurso o modificación derivados del proceso inicial. Esta prohibición no regirá cuando se haya actuado sólo por una de las partes con el consentimiento de la otra.
6. Queda prohibido ocuparse de los asuntos de un conjunto de clientes afectados por una misma situación cuando surja un conflicto de intereses entre ellos, exista riesgo de vulneración del secreto profesional o pueda estar afectada la libertad o independencia.
7. No deberá aceptarse el encargo de un asunto cuando la parte contraria o un colega de profesión le haya realizado una consulta referida al mismo asunto en virtud de la cual haya adquirido una información que pueda poner en peligro su independencia, la obligación de preservar el secreto profesional o su deber de lealtad.
8. Cuando se forme parte o se colabore en un mismo despacho, cualquiera que sea la forma asociativa utilizada, las normas expuestas serán aplicables al grupo en su conjunto, y a todos y cada uno de sus miembros.

ART. 13.- Relaciones con la parte contraria.

1. La relación y comunicación con la parte contraria, cuando conste que dispone de defensa o asesoramiento letrados, se deberá mantener siempre con el compañero o compañera, a menos que se autorice expresamente por éstos el contacto directo.
2. Cuando la parte contraria no disponga de asistencia letrada se le deberá recomendar que la designe. En todo caso, deberá evitarse toda clase de abuso y observar la necesaria prudencia en su trato con ella.
3. Deberá mantenerse con la parte contraria un trato considerado y cortés, con abstención u omisión de cualquier acto que determine para esta una lesión injusta.

ART. 14.- Honorarios.

1. Quien ejerce la Abogacía tiene derecho a percibir retribución u honorarios por su actuación profesional, así como el reintegro de los gastos que se le hayan causado. La cuantía y régimen de los honorarios será libremente convenida con el cliente con respeto a las normas deontológicas y sobre competencia desleal, debiendo informar previamente su importe aproximado o las bases para su determinación. Igualmente, las consecuencias de una eventual condena en costas. Será obligatorio emitir la oportuna liquidación de los honorarios y de la provisión de fondos recibida y poner a disposición del cliente el importe sobrante, en su caso, en el plazo más breve posible desde que se cese en la defensa del asunto.
2. Los honorarios han de ser percibidos por quien lleve la dirección del asunto, siendo contraria a la dignidad de la profesión la partición y distribución de honorarios excepto cuando:
   a. Responda a una colaboración jurídica efectiva
   b. Exista ejercicio colectivo de la profesión en cualquiera de las formas asociativas autorizadas
   c. Se trate de compensaciones al que se haya separado del despacho colectivo
   d. Constituyan cantidades a abonar a un compañero o compañera jubilados o a los herederos de un fallecido.
3. Igualmente está prohibido compartir honorarios con persona ajena a la profesión, salvo los supuestos de convenios de

colaboración con otros profesionales, suscritos con sujeción al Estatuto General de la Abogacía Española, o salvo que se informe al cliente de esta circunstancia.

4. Para hacer efectiva su remuneración, se deberá entregar una minuta al cliente, la cual deberá cumplir los requisitos legales y fiscales correspondientes, donde expresará detalladamente tanto los conceptos determinados de los honorarios y la relación de los gastos efectuados y pendientes de reembolso, como los que prevea.
5. De igual modo se podrá emitir una minuta proforma, mediante la cual se notificará de antemano al cliente sus honorarios, sin exigir su pago.
6. La imposición de las costas procesales no conculca el derecho del profesional de la Abogacía del litigante favorecido por la condena a reclamar los honorarios en la cuantía y forma pactadas.

ART. 15.- Hojas de encargo.

Si se suscribiera con el cliente una hoja de encargo se hará constar:

a. El objeto del encargo.
b. Las actuaciones concretas que expresamente quedan incluidas, a las que, por tanto, es de aplicación. Se estima conveniente que también se haga referencia, en su caso, a aquellas que, como los recursos, informes periciales y otros, no formen parte del presupuesto.
c. El precio por el trabajo profesional deberá figurar en forma clara y destacada. Cuando por las características del asunto se estime que no es posible su determinación en cuantía exacta, se dejará constancia de ello, indicándose en todo caso las bases que servirán para su determinación.
d. Las cantidades que se requerirán por suplidos o por otras circunstancias, que no se incluyen en el precio de los servicios.
e. Los momentos en que proceda el abono de las cantidades y los criterios para la prelación e imputación de los pagos.
f. Las consecuencias de la finalización anticipada del encargo por renuncia, allanamiento, pérdida sobrevenida del objeto y otras causas.

g. Las demás obligaciones que impone la legislación vigente, especialmente lo dispuesto en la Ley de Prevención del Blanqueo de Capitales y Financiación del Terrorismo.
h. En su caso, la sumisión a arbitraje cuando surjan discrepancias.
i. Las condiciones generales de la contratación en todo lo que les sea aplicable.

ART. 16.- Provisiones de fondos y pagos a cuenta.

1. Se podrá solicitar la entrega de cantidades en pagos a cuenta de honorarios tanto con carácter previo como durante la tramitación del asunto.
2. Su cuantía deberá ser acorde con las previsiones del asunto y el importe estimado de los honorarios definitivos.
3. La falta de pago autorizará a renunciar o condicionar la aceptación del encargo profesional o a cesar en él.
4. Igualmente, se podrá solicitar en concepto de provisión de fondos una cantidad para atender los gastos suplidos que importe el encargo, debiendo cumplirse con lo previsto en el artículo 20 de este Código.
5. De todas las provisiones de fondos recibidas se extenderá el correspondiente justificante. Los pagos a cuenta de honorarios deberán cumplir las obligaciones de emisión de factura y las demás que imponga la legislación fiscal.

ART. 17.- Impugnación de honorarios.

No deberán minutarse honorarios que hayan sido objeto de impugnación procedente o de quejas justificadas por razón de su importe excesivo, ni impugnar sin razón y con carácter habitual las minutas de los compañeros o inducir o asesorar a los clientes a que lo hagan.

ART. 18.- Pagos por captación de clientela.

No se podrá pagar, exigir ni aceptar comisiones, ni ningún otro tipo de compensación a terceros por haberle enviado un cliente o recomendado a posibles clientes futuros, salvo que se informe al cliente de esta circunstancia.

ART. 19.- Tratamiento de fondos ajenos.

1. Cuando se esté en posesión de dinero o valores de clientes o de terceros, concurre la obligación de mantenerlos depositados con disposición inmediata en una cuenta específica abierta en un banco o entidad de crédito. Estos depósitos no podrán ser concertados ni confundidos con fondos propios o del bufete. Deberá llevarse la oportuna contabilidad o libro registro de tales cantidades. Se deberá responder en todo caso de que el origen de los fondos procede de una persona física o jurídica determinada y de la certeza de la existencia de ésta. Los fondos deben estar vinculados directamente con los clientes y con las actuaciones que le han sido encargadas.
2. Los fondos depositados en dicha cuenta o cuentas deben ser individualizados de forma separada y clara, preferiblemente mediante subcuentas, como correspondientes a los diversos procesos o asesoramientos que asuma el profesional de forma que pueda identificarse su movimiento de entrada y salida, su finalidad y la utilización que se haya hecho de tales fondos.
3. Los movimientos de fondos entre subcuentas están prohibidos, salvo casos justificados, no pudiendo presentar ninguna de tales subcuentas un saldo deudor.
4. Salvo disposición legal, mandato judicial o consentimiento expreso del cliente o del tercero por cuenta de quien se haga, queda prohibido cualquier pago efectuado con dichos fondos. Esta prohibición comprende incluso la detracción de los propios honorarios, salvo autorización expresa y escrita.
5. Deberá siempre comprobarse la identidad exacta de quien entrega los fondos, siendo esta obligación regida por las normas preventivas del blanqueo de capitales cuando se actúe como sujeto obligado.
6. Los fondos recibidos o su saldo, salvo excepciones debidamente justificadas, deberán devolverse o acreditarse a quien los proveyó, con la correspondiente rendición de cuentas.
7. Los fondos recibidos no se podrán retener más tiempo que el estrictamente necesario incluso si adeudan honorarios profesionales, quedando prohibida la compensación y autoliquidación.

ART. 20.- Cobertura de la responsabilidad civil.

1. Se deberá tener cubierta la responsabilidad profesional en cuantía adecuada a los riesgos que implique.
2. La contratación de un seguro es obligatoria para las sociedades profesionales y en los demás casos que prevea la ley.

ART. 21.- Empleo de las tecnologías de la información y la comunicación.

1. El uso de las tecnologías de la información y la comunicación no exime de cumplir las normas deontológicas que regulan la profesión ni las obligaciones que imponen las reguladoras de la sociedad de la información.
2. Se debe hacer uso responsable y diligente de la tecnología de la información y la comunicación, debiendo extremar el cuidado en la preservación de la confidencialidad y del secreto profesional.
3. En especial, en las comunicaciones, aplicaciones, webs y servicios profesionales prestados por medios electrónicos deberá:
   a. Identificarse con su nombre y, en su caso, el de la sociedad profesional titular del servicio, Colegio de adscripción y número de colegiación.
   b. Asegurarse de la recepción de las comunicaciones privadas por la persona destinataria y sólo por ella.
   c. Abstenerse de reenviar correos electrónicos, mensajes o notas remitidos por otros profesionales de la Abogacía sin su expreso consentimiento.

ART. 22.- Ejercicio a través de sociedades profesionales.

La actuación a través de una sociedad profesional o cualquier otra forma asociativa no podrá servir para eludir las responsabilidades deontológicas de los profesionales intervinientes.

DISPOSICIONES DEROGATORIAS

D.DT. ÚNICA.

Queda derogado el Código Deontológico aprobado por el Pleno del Consejo General de la Abogacía en fecha 30 de junio de 2002.

DISPOSICIONES FINALES

D.F. ÚNICA.

Las presentes normas deontológicas entrarán en vigor el 8 de mayo de dos mil diecinueve.